天和地間
是滿碗幸福！

三聯書店（香港）有限公司
Joint Publishing (H.K.) Co., Ltd.

# 幸福的碗

幸福・好幸福

謝立文 著　麥家碧 繪

吱！

# 序　繼往開來，傳承文化

長久以來，我時常感受到故宮書籍的出版之於文化傳承的重要性。這種傳承除了學術上的推陳出新、藝術上的多彩呈現、宣傳上的傳播引導之外，還有一則，那就是用更加活潑、新穎、親切的方式培養我們未來的知音，讓更多的小朋友發自內心地喜歡故宮，從而走進故宮、了解故宮，繼承並發揚故宮蘊含的傳統文化的光輝。

很高興設計及文化研究工作室的趙廣超先生及其團隊，如此精心地打造這套《我的家在紫禁城》系列。我相信，這個系列能讓小朋友在掌握知識、感受傳統文化的同時，亦能津津有味、興趣盎然地閱讀它。就是像你我這樣的成年人，也可以藉著本書，一同來回味那已逝的童真，並輕鬆地欣賞故宮文化的廣博！

王亞民

故宮博物院原常務副院長暨故宮出版社社長

!
噶！

# 幸福

## 愉快的相遇

媽媽說：「看見小豬，我便開心！」

因為小豬，是我的名字。

媽媽說，捧起剛出生的我，粉紅色的身體、大面頰、大鼻孔，

「噶」、「噶」、「噶」的哭著哭著，就像一隻小豬。

爸爸說：「不如就叫她小豬！」

噶！
噶！
噶！

只要看見小豬，
媽媽就會忍不住笑出來。
她說：「看見小豬，想起小珠！」

媽媽懂得造陶瓷，她造了一隻碗，

在碗上，畫了一隻小豬。

捧著碗，媽媽笑了，說：「看見小豬，我便開心！」

傻媽媽！

媽媽說，不如再畫幾朵白雲。
白雲朵朵，在偌大的天空裡伸伸懶腰，
小豬看見，定會開心！
小豬說：「是啊！看見白雲，我便開心！」

白雲說：「看見小豬，我也開心！」
溫柔厚實的豬肉，像大地一樣豐盛可親。
這時候，媽媽給碗添了兩隻蝴蝶。
媽媽說，天空和大地之間，是美麗快樂的蝴蝶。
小豬和白雲都說：「看見蝴蝶，我便開心！」

蝴蝶說：「最開心最開心的，是看見花！」
花說：「最開心最開心的，是看見蝴蝶！」
小豬說：「最開心最開心的，是看見花遇上蝴蝶。」
白雲也微笑著同意。

大雅齋

「白雲和花朵之間，還有我們啊！」

忽然從天而降的鸚鵡嘰嘰呱呱地邊叫邊唱。

拾捌號

粉地牡丹花一尺二寸長方花盆四對　一尺長方四對
八寸長方四對　五寸長方十對 隨盆連　三寸長方十對 隨盆連

「我也會唱歌！」小豬對雀說。

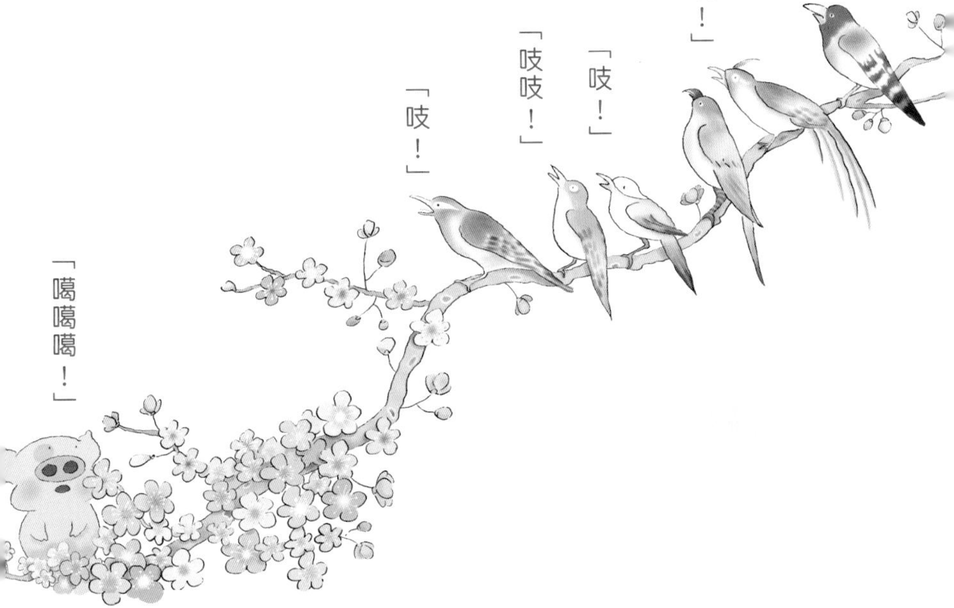

白雲說：「我也要降落了！」

白雲輕輕落在荷塘上，水裡的金魚彷彿在天上飛翔。

「咦？天空裡竟也看見小豬，很開心啊！」小金魚說。

連蝙蝠也來了！

白雲說：「看蝙蝠飛得快還是小豬跑得快！」

說罷，竟變成一陣雨點，打在小豬上。

「快跑啊！」小豬和蝙蝠大叫。

媽媽說：「玩得累了，

給小豬吃幾個剛熟的果子好嗎？」

我和小豬一起說：「好啊！」

於是媽媽又在碗上畫了些瓜果。

媽媽說，那是天地萬物愉快的相遇，美好的結果。

是啊！這便是媽媽送給我的碗了，
你說漂亮嗎？

捧著媽媽給我的碗，

看看媽媽，看看碗，我便開心。

因為這麼多美麗的東西走在一起，

都是媽媽給小豬，

也即是給我——小珠，最美好的祝福。

媽媽笑著說：「傻豬！」

吱！

# 好幸福

## 互相的祝福

# 願生活美好

天空跟大地相遇，滋生萬物。人又與天地萬物相遇，組織幸福。

是啊！幸福是可以組織起來的！由出生開始，爸爸媽媽給我們起名字，往往便跟他們所遇過的美好事情、對我們的期盼聯繫在一起（想想你自己的名字）。我們還未被捆上尿布，便已加入了這個幸福組織。其他如街道的名字（長安大街）、菜式的名字（八寶鴨），以至飲品的譯名（可口可樂、百事可樂），中國人都喜歡給它們一個吉祥的寓意。

意象相通的，例如圓圓的月餅，會令我們聯想到滿月，想起一家團圓。又因為中文裡的同音、近音字很多，我們更可以把一些原來未必相關的事物連結起來，例如「蝠」與「福」、「羊」與「祥」、「糕」與「高」……吃一口蛋糕，也教人想到「快高

長大」、「步步高升」。便是這樣，祝福恍如鳥兒的鳴唱，「吱吱」、「吱吱」的來自四方八面，不住迴響。

這是中國人很特別的文化現象，於是有人會說，中國人特愛好意頭，中國人特迷信。但從另一面看，這也是最簡樸動人的感情。因為天地間最大的幸福不在天，不在地，也不在人，而是天與人、人與人、人與物、小珠媽媽和小珠之間相互的祝願與關懷。

在碗上畫好一朵花，吃飯時，一朵畫得很好的花便會向你問好，你很開心，於是感謝花、感謝碗、感謝做飯的人。那是幸福感覺的自我期許與完成。祝願新一代的中國小朋友也能體會中國人這份古老卻未曾褪色的情調，加入幸福。

這不是我們吃飯用的碗，而是從前皇帝拜祭天地用的碗。

藍色象徵天空，是祭天用的。

黃色象徵黃土，是祭地用的。謝天謝地，給予我們四季萬物。

# 「你喜歡我嗎？」

在故宮博物院中收藏了很多清代皇室用的瓷碗，
當中有不少是小豬見過的景物，你能一一認出嗎？

讓我們一起欣賞它們美麗的花紋，
看看隱藏在紋飾背後的吉祥寓意。

黃地粉彩百蝶紋蓋碗

蝴蝶是常見的紋樣，因為蝴蝶喜愛雙雙對對，「蝶」又與「疊」（重疊）諧音，有雙喜臨門的寓意。這碗是特別為皇帝的婚禮而造的。皇后見到，定會開心。

大雅齋

## 黃地墨彩花蝶紋碗

又是這明亮的黃色啊！明黃色給人高貴的感覺，以前更是皇帝皇后專用的顏色。花和蝴蝶卻是水墨畫般的黑和白，典雅莊重。這裡蝴蝶遇見的是牡丹花和芙蓉花。牡丹又被稱作「花中之王」，代表富貴、大方。「芙」、「蓉」讀音教人聯想到「富」貴「榮」華（「華」亦即是「花」）。發達雖好，還要有貴氣啊！

綠地粉彩藤蘿花鳥紋碗

綠得像湖水，襯托著藤蘿花和月季花，枝上還有一隻十分生動的畫眉鳥。紫藤纏繞樹枝生長，有連綿、滋長的意思。月季四季開花，又叫長春花。畫眉象徵夫妻恩愛（你爸爸有替你媽媽畫眉嗎？）。但見這畫眉鳥頭毛蓬鬆，吱吱喳喳的，看來是位可愛又可畏的惡太太呢。

大雅齋

粉彩荷花鷺鷥紋碗

白釉地，碗口圍一線金邊，清新淡雅而富貴氣。荷花出淤泥而不染，有高尚情操的寓意。「荷」又與「和」、「合」諧音，與鷺一起，即「一路和合如意」。

同樣的圖飾還有這高足碗，外形更見高貴，不過用來吃飯可有點麻煩（用來盛雪糕倒不錯）。碗足繪有海水江崖，比喻大好江山。

用來盛什麼口味的雪糕好呢？綠茶？嗯…… 荔枝雪芭？
（高足碗一般是祭禮用的）

粉彩過枝籟瓜紋碗

熟透的瓜籽纍纍外露，有多子多孫的意思。碗上還畫有牽牛花和翠竹，連綿不斷，自碗外伸展至碗裡(即「過枝」)。吃著吃著……飯吃光了，竟又遇見蝴蝶！十分開心。

「竹」，虛心正直有氣節。多子多孫，且都是好孩子啊！

黃地粉彩五蝠捧壽紋碗

我們都知道「蝠」即是「福」，「桃」象徵「壽」。在壽宴中往往有美味的蟠桃壽包。

五福中，長壽是第一福（五福：「一曰壽、二曰富、三曰康寧、四曰修好德、五曰考終命〔得善終〕」）。

這裡我們看見五隻蝠鼠捧著一個美術化的「壽」字，之間還可看見一個以彩帶繫著的「卍」字。那是一個相當古老的吉祥符號，讀作「萬」。「卍」字又似相交的如意，與彩帶結合成另一常見的吉祥圖案——如意紋。「福壽康寧」、「萬事如意」，便是這美麗的碗要傳遞的祝福。

這些，都不過是許許多多中國吉祥紋飾的一小部分。

這些，都不過是許許多多中國寶貝的一小部分……

我是金魚，「金玉滿堂」！

我是小豬，「滿塘豬肉」！

# 造一隻碗

「撇口」表示碗口邊緣要微微向外彎出。

「弧壁」指碗身那條優美的弧線。

「圈足」是碗底的那個圈圈。

縱使是盛著熱湯，只要有了「撇口」和「圈足」，捧著也不會燙手。

「撇口」和「圈足」是中國人發明的設計，方便在一起吃飯時互相奉湯、添菜。連同長長的筷子（較日式筷子長），也是為了替人夾菜而設的。同枱吃飯，互相照顧、互相關懷。

這純白色的碗，外形簡單優美，其實還有暗花。「龍」象徵天子，即是皇帝用的碗了。碗內還有雲紋。有雲便有雨，雨點滋潤大地打小豬。

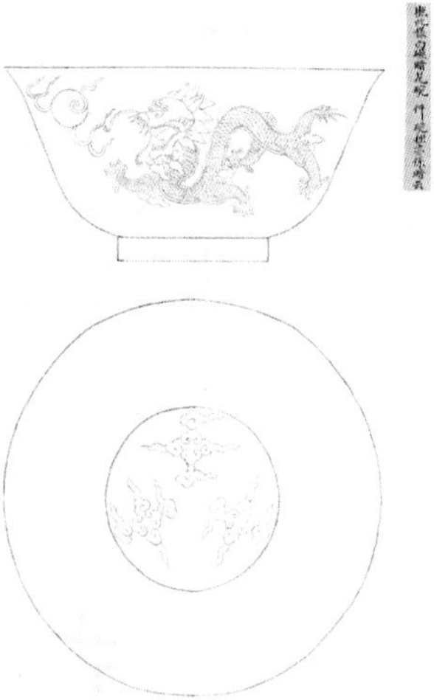

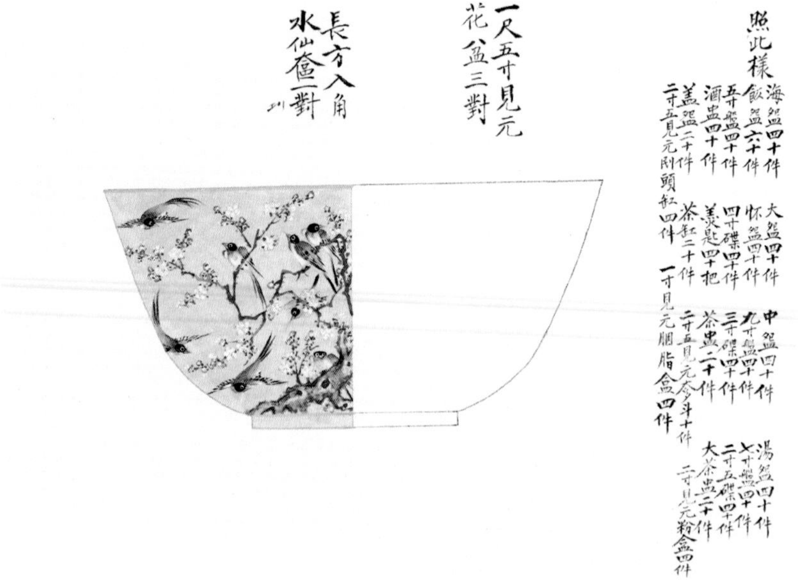


給瓷碗上顏色（施釉、加彩）前，先要有圖樣，亦即是設計稿。在瓷器上繪畫比在紙上困難，但完成後的瓷碗卻比設計稿更精緻亮麗啊！

御窯廠圖瓶

咦？忽然來了個瓶！

這瓶很有趣，上面畫的是一家御用瓷器工廠從進料、製坯、施釉、加彩、入窯，以至大老爺監收的整個過程。

這是一件精美瓷器的自白：「你好！我是一件彩瓷。從一堆泥土到可以站立在你面前，希望你喜歡。」

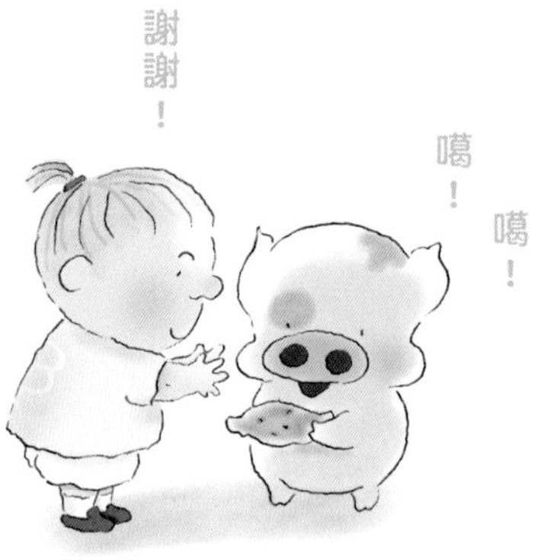


微微彎曲的手掌
遇上微微彎曲的手掌
兩掌輕碰
是初出生的碗

雙掌
接一碗飯
雙掌
捧一碗湯
感覺被關懷
感覺富足
感覺天和地之間
是滿碗的幸福

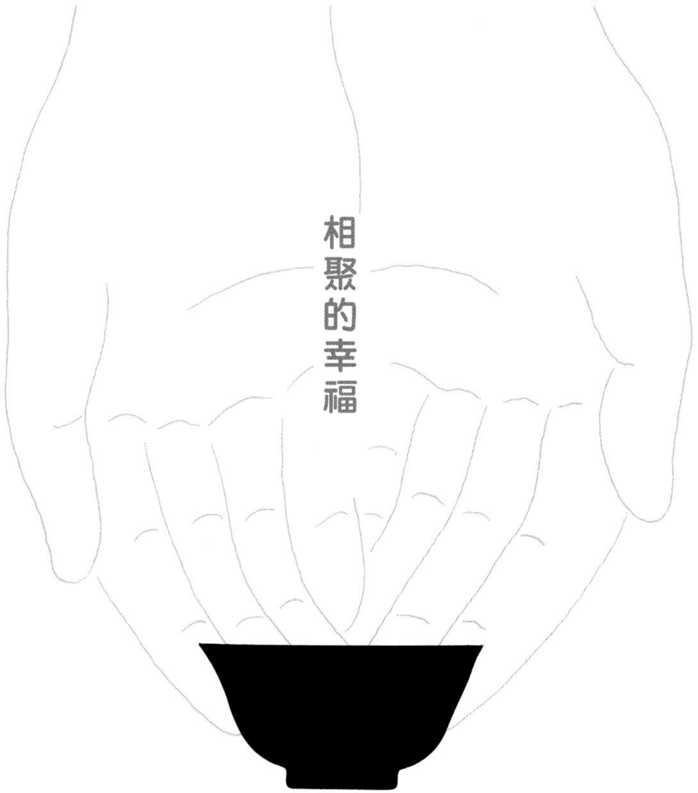
相聚的幸福

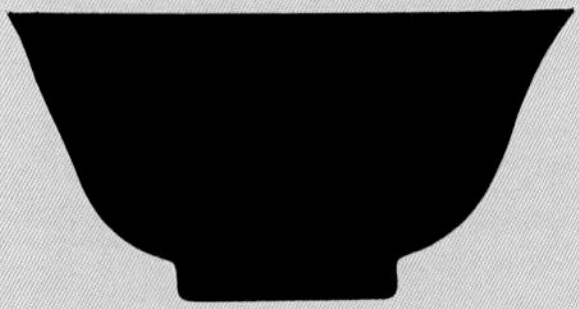

我設計的「幸福的碗」

姓名 ………………………………

年齡 ………………………………

祝願 ………………………………

# 寫給將來的您

您好！

既然紫禁城保存至今已經超過六百年，希望您也可以把這本書好好保存，幾時想起便可翻出來看看，長大了又可打開來看——看您小時候，我們給您講的故事。然後，該是時候由您想一想，要怎樣將故事說給您的小朋友聽了！

故宮裡的一切，基本上都是有生命的。就在您的小時候，這個世界已開始變得不太真實，人與人之間已逐漸不牽手，動物漸漸減少，植物除了在公園，就是在海報或屏幕裡才可見。「活生生」這個詞的解釋要快速調整來適應迅速遠離「活生生」的生活。每一件事，都讓人思考。

我們總有一些自己珍惜的東西，這些東西代表著一些故事、回憶或者貴重的價值。變成了博物院的紫禁城，本身就是一件大寶物，裝載著明、清兩個皇朝最重要的歲月，代表了一個民族，甚至整個人類都珍惜的故事和回憶，這一切，都藏在這座人類最大的皇宮裡。

其實，在說給還是小朋友的您聽時，我們已不太了解六百多年前，曾經有十多萬人（如果記載是真的）在裡面生活和活動的皇宮是怎樣的一回事。根據 2009 年的統計，最多遊客參觀故宮的一天，人數正好就是十多萬。這是比一個主題公園還要多的參觀人數，對一座皇宮來說，實在太不可思議了。

我們，至少我們中的絕大多數，不會是皇帝、嬪妃、皇子或大臣，也不可能完全明白沒有電子技術的通訊、資訊和娛樂的皇宮歲月會是如何度過的。但我們相信，無論什麼世代，只要是人，無論他是誰，都會有快樂和不快樂的時候，都會有關懷和被關懷的盼望。這些盼望，會以不同的形式一代一代地傳下來，傳到我們的手上，然後交給小時候的您。

讓將來的您，用您將來的方式，將盼望帶到您們的小朋友的世界裡，好嗎？

《我的家在紫禁城》系列叢書於 2010 年面世，至今仍能夠再和讀者見面，實有賴故宮博物院原常務副院長暨故宮出版社社長王亞民先生多年以來的關懷和愛護，王亞民先生與我既師亦友，情誼匪淺。謹在此表達由衷的感謝。

趙廣超

設計及文化研究工作室

## 設計及文化研究工作室

由趙廣超先生於 2001 年成立，一直致力研究和推廣傳統以至當代的藝術和設計文化。研究及工作範圍由書籍出版延展至包括數碼媒體、展覽、教育項目等不同形式的嘗試，並積極與不同地域的單位合作，共同推動公眾乃至海外人士對中國藝術及設計的興趣與認識。

2010 年，設計及文化研究工作室有限公司正式註冊為香港慈善團體。

2015 年，故宮出版社與工作室共同成立故宮文化研發小組。

工作室致力於撰述有關中國藝術文化的普及讀物，已出版項目包括：《不只中國木建築》、《筆紙中國畫》、《筆記清明上河圖》、《大紫禁城——王者的軸線》、《國家藝術．一章木椅》、《國家藝術．十二美人》、《大紫禁城宮廷情調地圖》及《紫禁城 100》等。

《我的家在紫禁城》系列

《一起建前朝　一起看後宮》

《你們這裡真好！—— 小動物起宮殿》

《皇帝先生您好嗎？》

《故宮三字經》

《在紫禁城》

《幸福的碗》

鳴 謝

故宮博物院原常務副院長暨故宮出版社社長王亞民先生、故宮出版社文化旅遊及雜誌部同仁，
以及各位曾經給予本計劃指導的專家。

本書相片由故宮博物院資料信息中心及故宮出版社提供，特此致謝。

《我的家在紫禁城》系列

# 幸福的碗

著　　者　謝立文
繪　　圖　麥家碧
監　　製　謝立文　趙廣超
創　　意　麥家碧　陸智昌
協　　力　馬健聰　陳漢威　吳靖雯
　　　　　張志欣　蘇　珏　吳啟駿
責任編輯　王　昊　張軒誦
創作團隊　設計及文化研究工作室有限公司
出　　版　三聯書店（香港）有限公司
　　　　　香港北角英皇道 499 號北角工業大廈 20 樓
　　　　　Joint Publishing (H.K.) Co., Ltd.
　　　　　20/F., North Point Industrial Building,
　　　　　499 King's Road, North Point, Hong Kong
香港發行　香港聯合書刊物流有限公司
　　　　　香港新界荃灣德士古道 220-248 號 16 樓
印　　刷　陽光（彩美）印刷有限公司
　　　　　香港柴灣祥利街 7 號 11 樓 B15 室
版　　次　2023 年 5 月香港第一版第一次印刷
規　　格　特 24 開（140 × 160mm）72 面
國際書號　ISBN 978-962-04-4717-4

本計劃的前期研究工作由何鴻毅家族基金贊助，故宮博物院支持。

CnC 設計及文化研究工作室 DESIGN AND CULTURAL STUDIES WORKSHOP

故宮博物院 THE PALACE MUSEUM